终南絮语

云乡子 著

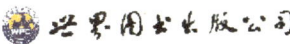 世界图书出版公司

西安 北京 广州 上海

云乡子,隐居西安终南山。

山中有我的岁月。每一个人只能活在"此时此地"的"脚步所在",身心合一。

能够看见一切都是"事",就不会在生活中发生"事故"。若是活在迷惑的"情"里,一切都是"事情",终究变成了"事故",结果都成了"故事"。如果,可以清晰地活在一切事中,又能"有情有义",这多好。

无论你此刻处在什么状态,都保持觉知,了解、体验、经历你当下的感受。全心全意地活在你的每一个行动上,把每一分钟都当成你生命的最后!

佛菩萨啊,

我看见,

许多时候您都保持着平静的沉默!

终南山本道山房
图摄:南山凡开

终南山本道山房
图摄：南山凡开

真正拼命的人,多数沉默无声。他们知道,撒娇与耍赖,推卸与逃避,改变不了任何事实,只有一寸一寸地做,一步一步地走,一点一点地前行,才能走得更远,收获更多……

序

人生一切是因缘。

这本署名《终南絮语》的书,是我住在终南山的这三年半里,日常生活中有所思及,或有来访者的谈话酬答中,过后所触及的问题,皆以文字记录下来而陆续发布在微信朋友圈里,以分享长期关注互动而有缘的朋友。

早几年就有曾经想将自己出家修行时,陆续发布于新浪微博的法语辑录成册出版的打算,已经编辑整理好了,出版社都约好了,我却放下了这件事,因为我总觉得因缘还差那么一点说不明白的。

我的人生除了读书学习是自己"唯一的主动"之力外,其他际遇基本上都是"被动的完成",以至于我非常喜欢这个"被动的感觉"。在我的经历中,凡是非常认真主动去做的事情,即使是付尽努力,可以说是越付尽努力,越看重的事情,就越会发生不可思议的变故,越让我切身体验到"无常迅速",一切都不确定。这样我即越来越不容易去主动,被动——我喜欢这个感觉!

今这本《终南絮语》能够出版,我要感谢那些被动的种种因缘,每一个人、事、物的因缘,前前后后相互作用,或支持,或破坏,看似无缘无故地出现,却最终"顺理成章"地完成。感谢这一切……

人生一切是因缘!

云乡子

2017 年 11 月 13 日

静夜

生活是一种修行 109

风从指尖过 143

跋 153

目录

只在脚步之所在 1

看见生活的真相 35

聆听内在的声音 71

终南山本道山房
图摄：南山凡开

只在脚步之所在

人的存在，只能在自己的脚步之所在。我们一生都在找寻最真实的自己，但是方向反了，我们向外部拓展、扩大，证明着自己的厉害，却唯独不曾与最真实的自己相遇于脚步之所在……

若一直向外部追寻证明，我们可能会活成他人眼中的人，但无法感觉到真实的自己。这就是许多看起来好像很成功光鲜的人士，内心却觉得缺失、不满、虚幻的原因。我们得与真实的自己相遇，并且愿意与最真实的自己待在一起。

其实我们穷尽一生就是想活成自己的样子，摆脱一切他人的期待。但若不能感知自己，不能照顾这个当下脚步之所在的自己，我们还能在哪里找到最真实的自己呢？

回来吧！

回到当下，与真实的自己相遇，照顾他的感受，照顾他的情绪，照顾他的需要……这才是真正地爱着自己。当我们学会安排、接纳、允许当下的自己，就是自己的样子，我们方才有能力去爱他人，满足他人，慈悲他人。若我们学不会爱自己，理解自己，那我们的所谓的"爱他人",有可能就只是一种讨好和取悦。

体验自己,这是一个邀请,邀请你看看那个长期被自己忽视的最真实的自己,我们看见过最真实的自己吗?

他一直都在,从未离开。你只需要一个回观、发现,并且学着温柔地对待他。我们都有一个"内在的小孩",他就是长期被忽视的自己,被雪藏的自己,被遗忘的自己……回来!照顾好自己的"内在小孩"。

因为,我们最真实的自己,一直都在。

大部分人一生都躲在自己的想法里,从未真正地睁开眼睛看到过一个真实的世界,这个真实的世界多么美好!所有存在都生机勃勃、欣欣向荣……重要的是你必须放下头脑设定的恐惧,用欣赏的目光去看,你的人生将一路风景,一路逍遥。

当一个人从未感觉到自己的存在，那么这个人就是一个"纯粹头脑中人"，他的一生就都有可能活在他头脑想象的惯性之中……因此，我们将修身养性的第一步设定为"记得自己"，在日常生活中的行住坐卧中练习——练习觉察到自己，直到有一天你亲自看见你"从未离开"。

　　大部分人的一生都把精力浪费在那些无关紧要的事情上了，而真正需要他完成的事情，他没有能力看见，或视而不见。

如果你抛弃当下的自己,不爱当下的自己,活在想象中"有更好的自我"的欺骗里,你永远不会与最真实的自己相遇。

　　当太阳一直都在,人就忘了它给的光亮;当亲人一直都在,人就会忘了他们所给的温暖。一个被照顾得无微不至的人反而不会去感恩,因为他认为,自己已经够亮了,太阳是多余的。

　　心怀感恩,方能自在地行走天下,要不然所谓的行走则是一种讨要,所过之处好像他人都亏欠了自己似的,这是无知之至!

心智成熟的人不期待用自己的声音影响别人,他发出声音只如花朵盛开,其中没有任何目的,花朵盛开本身就是目的。他体会到,把自己所做的事放在它自己身上所获得的快乐,比放在别人身上所获得快乐,更加丰盛,更加稳定,更加富足。

我们一出生就被判了"死刑",且必死无疑;能努力争取到的所有结果,加起来只不过是一个"监外执行"罢了!因此,能真诚地"安于自己的脚步所在",这是了不起的成就……

每个人读过的书,走过的路,吃过的苦,爱过的人都不一样。你想跟他"说明白""讲清楚",需要跨越的不是语言,而是语言背后的认知水平,以及影响认知水平的环境、教育、阶层、信仰等无数鸿沟。

问:法师,智慧的最高境界是什么?

答:最高境界就是《心经》里的"无智亦无得"——如果认为有个般若智慧可修可得,那是"从迷入迷",其实"烦恼即是菩提",没有烦恼怎会有菩提,因为有烦恼,在"烦"事上你已经不再"恼"了,那"即是菩提"!绝不是离开一切烦恼,另外存在一个菩提。

当一个人通过练习"找到自己",能量充足后,人便会寻找"有益身心成长"的事情去做,而不再纠结在乎别人是否给你滋养,这就是"自爱"完成。然后人们才能真正地开始去"爱别人",滋养身边的人。这种爱是"漫溢的分享",而非"匮乏的要求"……

练习"寻找自己",并不是为了停止思考,而是这个练习的力量会带你穿越重重幻象,看见"如实",别在寻找自己的过程中又加了许多想象,那只会越来越远……好好练习下去吧!总有一天你会找到真实的自己……

当下你的"脚步之所在",即你的全部所在。你不在这里瞥见自己,你还要去哪里寻觅呢?观察,如实观察,真诚地观察……你自会发现——路只在脚下,而你也在这里,从未离开!

　　生命中有许多你从未想到过的人、事、物的缘分，就是那么奇妙并且出乎意料。他们总是在最恰当的时间出现，陪你走过美好的或艰难的岁月，这一切都存储在记忆某处，不曾刻意想起，但也从未遗失。因为，他们的音容笑貌和脚走过的地方，就在那里，不生不灭，不增不减……

让自己安于脚步之所在是一种深深的心灵能力。

你的一生就这样毁在了你的自以为是的想象中！遇到困难你除了逃离，又做了什么呢？人生有许多事情是需要勇气，并且"带着你的不安全感"去坚持一下的。应该坚持的时候你却放弃；该放弃自己的想象时，你却坚持认为你的想象就是真的。就这样你便一步步把自己逼成了孤家寡人……

他们只有花了真金白银,才会珍惜、膜拜。"你的一切都只在脚步之所在"即使是真相,也不能写在咖啡店的餐牌上或十字路口的木片上,要裱好了镶金了装在保险箱里。再好的真经,不经过九九八十一磨难去西天翻山越岭地取回来,轻而易举揣了就走的,别人不相信这就是真经。

看清楚你的"今生今世",过去已经过去了;未来还没有来。如果当下你根本就不知道你在哪里,那么过去和未来都只是你逃离生活的借口……

我想与大家讨论"那些曾经在脚步之所在的日子",具体我还没有想好,只是觉得有这个必要……因为真相之旅的第一步就是回到你的脚步之所在,但是回归后的"反应现象"每一个人皆不一样,有迅速通关的,有飘摇不前犹豫不决的,有原地踏步甚为困惑的,有感觉到这其实不是自己想要的,有以为自己的变化是不正常的……几乎没有相同的,这是一个有趣的现象(我一直在研究观察)!

因此我想与大家讨论讨论,由脚步之所在开始一点点讲,从各个方向层层深入内核,不知道情况会怎样,容我一个人回山里仔细想想……

真正拼命的人,多数沉默无声。他们知道,撒娇与耍赖,推卸与逃避,改变不了任何事实,只有一寸一寸地做,一步一步地走,一点一点地前行,才能走得更远,收获更多……

许多时候我们热切地谈论着种种傲人成绩,其实这些与人身的无常相较实在微不足道。有时候我们也陷入深深的困境,但这些与本然的无我相拥,内心通达,则眼界开阔。

我们常常渴求外面的一切都必须圆满,却忽略了自己。那么,给你一个圆满你未必接得住啊!

  以无数念头及错觉为基础的修行,抽丝剥茧层层揭开,不过是你在玩的游戏,你要想看清楚这个根本性的错觉,非得回到你的脚步之所在。终结一切有关自我的幻想,回归真实的自己。

那个"我"不被滚滚红尘所锤炼,不被刺激,不被侮辱,不被刀砍剑伐……那个对于"我"的执着,就永远不会被消磨干净。

静静地坐在那儿等待"无我",你又怎么会等得到,恐怕永远都只能看见那个盲目执着的"我"哦!

　　大部分人都想要继续精彩的人生内容,有谁想让自己的一切都彻底歇菜呢?我们不断地忙碌为自己而准备的一道道人生好菜还没上呢!怎么可能就歇菜呢?《楞严经》上说:狂心若歇,歇即菩提。意思就是"歇菜才是菩提"。人能够将自己彻底置身于当下,那么"歇菜"指日可待……

"活在当下"的意思是你就只在这个当下，关键是你如何选择去"活"，是本能无意识地去回应这个世界，还是有觉察有意识地去反应这个世界,这两者的结果是截然不同的！

有些口口声声说"实证"的人,你仔细端详会发现他的实证其实是"建立一个实证的想象",他要用实证去证实他对"道"的全部想象,而真正的道早就在你的眼前,只要放下你的执念!

想象,如影随形无时无刻不在影响真相,你看见自己的想象了吗?要看见自己的想象,人非得觉知到自己。在脚步之所在的我们才有能力看见一个不经过自我加工改造过的世界……

你其实一直都如一朵花一样在当下（你的脚步之所在）盛开，只是你总是忽略了当下，固执地在你之外去寻找自己！

看见生活的真相

有的人几乎一生都活在自己的想象中而不自知,可是唯有看见真相,我们方能真实地活着。

我们常常会被自己的想法迷惑,于生活中的人或事,生出许多想象的延伸,而真相恐怕并非如此……

过去已去,未来未来,唯有当下,属于自己。在触手可及的地方,追寻属于自己真正的生活,才有真正的快乐。回忆过去,无论如何,我们都无法回去;遐思未来,无论如何,我们都"只在现在"。人只有让自己处于"当下所处之地",方能与真正的生活联结,否则便会在想象中盘旋,不是回忆过去,就是瞎想未来,而错失当下正属于自己的美好。

生活,不可能弃你而去,反而是我们逃离了生活的现场,活进自己头脑无尽的想法中……

曾经有个貌似成功光鲜的人问我:什么是"生机"?为何我总会觉得生活无趣,感觉自己无力?我不愿意正面回答这个问题。因为无论你说什么,如何解释,对他的生活都无用。他是一个"头脑中人",虽然成功光鲜,却无法触摸现实,他堕入自己的想象中。一个看不见当下、不知道自己此刻正在这里的人,是无法触及生活的!

唯有愿意将自己"置身现在"的人,才能看清生活,知道自己当下伸手所及之处就是自己全部的生活,除此之外,尽是想象、感伤、延展、猜测……再美好的过去,或再风光的未来,都不及一个真实的现在。

讲一个禅宗的故事。

话说一位深山打柴人被老虎追赶,情急之下爬上一棵悬崖边的树,没想到树上有条毒蛇,只得解下腰间的绳子,把自己垂下悬崖,不成想往下一看,下面正有一群野狼在等待……他只得将自己继续悬于半空,可是这时候不知哪来的一只松鼠,竟然要咬断那救命绳子,这真是"绝望到哭"。忽然,他发现悬崖绝壁之中居然有一颗成熟的草莓,娇艳欲滴,芳香四溢。他急忙用口去衔住这颗草莓……在满嘴草莓味中结束了这个故事!

这颗草莓才是他当下所能够真实触及的全部,这就是生活。当我们堕入妄想,人生就得处处设防,随时都有可能殒命。但当我们从妄想的预设中醒来,看见自己此时此刻正好好地"活在这里",在这个属于自己的真实当下,我们才能出发,才能体验、享受、欣赏、完成……这是真实的生活,更是"真实地活着"。

在想象之外,全是风景!你还要到哪里去寻觅呢?

大部分人一生都在追求圆满完美,但是他们未必仔细想过圆满完美的真正意义——所谓圆满就是你不再需要努力了,不再需要前进了,不再会遇到任何问题了,一切都结束了……这其实就是死了!死了就不再需要努力了,不前进了,没毛病了,这样的圆满你真的要吗?

我想对那些一直认为自己很聪明很有能力的人说:"要通过做事来提升和锻炼人,而不是通过消耗他人来做事。"我们要发善愿,凡是来到我们身边或公司的人,都能得到财富及精神上的滋养,要让人在和你接触、共事的日子里皆有所得、皆有所获。"消耗他人是最大的罪过,而帮助一个人成长才是真正的功德无量。"

改变有什么不好呢?人们往往习惯了墨守成规,改变即预示着自我的重新调整及适应,这是非常可怕的事情。因此,我们喜欢某种固定模式,而讨厌突如其来的改变……

人,越把自己看得重要,就越难离开舞台!

人,复杂多变在不知不觉间;而人,想回归简单,却可能要穷尽一生!

若不弃曾已知,则无法知未知。

大部分人都没有那种敢让自己"彻底孤独"的勇气,我们一直渴望被某种力量救赎,于是在生活中狂抓一气,或金钱或势力,或爱情或婚姻,或信仰或修行……自以为可以掌握一切,其实这一切都在悄悄地掌握着你。只要你还想抓住什么,那么你恰恰在错过什么。享受你此时此地拥有的,而那些伸手够不到的,等能够到了再说……

生活,就因为平平淡淡,所以能精彩无限。

人的一生不是说赚到了多少钱，或积攒了多少财富，才是成就；而是因为你助过多少人，成过多少好事，无论是自己的事还是他人的事，都是真正能够丰富生命的成就！

这种成就便是财富，这财富是宇宙中的一种能量，这种能量如水，能滋润一切。

人,一旦自己给自己设置障碍,谁都没办法!比如设定自己是不好的,是悲惨的,是被遗弃的,是不值得被爱的……这个自己设置的圈套实在比股票套得还要牢!

世间事永远没完没了,真正能够有机会转身离去,跟过去的一切说再见,不犹豫、不疑惑、不惧怕,这得需要多大的勇气啊。我们常常被身边的琐事缠绕,如果真有机会让你离开,并且因此失去很多东西,还你一个干净,你敢吗?你愿意吗?恐怕答案是否定的,那就回过神来,好好过当下的日子……

在修身的道路上追求卓越的领悟及成就，需要无数苦思冥想的孤寂深夜，更需要敢于大声说出你所看到的真相的勇气。

敢于直面当下的生活，敢于对当下的生活说不，这都是能量充足的表现，不要怕，这时你必须好好感受那些负面情绪，静静地观察究竟发生了什么。

有些人性情浮躁,无论什么样的事情都急于求成。比如对待爱情。

你用你青春的面容,交换她多金的需求。造就了这个时代快餐式的爱情,也造就了其虚荣的成就感,钱能买到越来越多的商品,但买不到真诚的笑脸。依靠金钱,永远挺不直我们灵魂的脊梁。

人生多数的苦,皆因你抱持着不符真相的要求与期待!

　　仔细观察,我们的内在有"两套正好相反的系统"同时运行,从内在冲突中"获取能量",再从你忙碌着处理的种种问题上"取得存在感"。

　　我一直在忙着操控我的一切呢!"我存在",并且"我的一切都存在",佛经上把这叫做"我及我所"。这个对立不是外在的冲突,而是由人性中的"无明(不明自我真相)"造成的。

　　当你的觉知之光能够穿越这个误区,你便开始慢慢地苏醒过来!

　　有些人忘记了自己的本来面目(真相)而活在自己想要的假象里，世俗人维持着热闹荒唐的假象。我们本是为终结一切幻象而努力的，无论这幻象是热闹荒唐的还是清静幽雅的。这就是佛陀所说的"不著两边"——超越凡圣。

走真相之旅的人如果缺乏怀疑精神,就不会到达真相之境。怀疑老师,怀疑方法,怀疑自己……这个怀疑与"信不信"完全不同,而是要求证"是不是"。

最好的爱就是"我与你同在",可你却不知道,因为你的世界里只有你自己!

世界上永远存在这样一类人,他能够超越自己的家庭、血缘、环境,他能够挣脱时代对他的束缚,让世界另眼相看!

人"内心的安静"将成为这个时代的奢侈品。

如果一个人与别人相处时总觉得自己在"屈尊",总觉得自己高妙,是会让人感觉不舒服的!他们不会为别人放下自己,这样的人会走入"就自己最完美的幻觉",也许生活会狠狠地一巴掌打醒他。谦卑才是骨子里的高贵……谦卑的人知道适当地放下那个并不完美的自己。

人们总觉得自己非常重要,其实你真的很重要吗?

看见真相并不是为了满足你一劳永逸式的贪心,从此以后解决一切问题,过上神圣幸福的日子,如果这样想那就是"误了"!

看见真相是为了生出真正的智慧,了解、理解自己的问题在哪里,面对存在,面对现实,面对种种人、事、物,你的能动性究竟如何表现?是什么遮住了你的视线?你在一件事情上究竟是情感胜过理智,还是理智胜过情感?还是你能够恰到好处地发展出"情智的均衡"? 是理性到极致却选择感性地活着, 还是理性到冷血……这一切都是历练,都是功夫。

只有那些能够看见自己的误区,并且客观认识自己的人,才能生出智慧……真正的安全来自你看清楚了生活的本质。

有什么好说的呢！这个世界就只是自己，孤独是人生的第一步也是最后一步，当你不再掩盖这个孤独感，全然悦纳自己，人生就会有不一样的境界。

老农看着自己亲手种植的庄稼成熟、收割……所得的幸福感并不比你坐在有空调的办公室里,又兼并了一家公司,或打倒了某个商业对手所得的幸福感低。

不伤害他人,不亏待自己——既是智慧又是慈悲。

人的一生应该选择把时光"浪费"在自己觉得美好的事物上！如此方不辜负自己，不辜负人生……

关于禅道所见的真相——真相大白之日,你丝毫看不见你的"存在背后"有任何大的背景,形而上本体性的东西的存在。只有一片空白、寂寥、安然……总之就是"无法形容"的静默!

如果一个学生不敢质疑他的老师,那这个学生不值得仔细教导;如果一个老师害怕学生的质疑,那他决非一名好老师。

质疑,并非不信,反而是真正相信的开始,因为他们开启了"验证"……经不起质疑的人、事、物是不靠谱的。

聆听内在的声音

我们的内在常常有真实而微弱的声音，你愿意静下来，听听"他"究竟在向你诉说什么吗？

人们对别人的看法及评价常常非常敏感，试图通过自己的努力让外面的声音变好，可往往招致那些自己并不喜欢的声音……

你如果常常忽略内在之音，转而去迎合外在，便会离自己越来越远，以至于自己的内在无法被正确地理解和重视，我们即越来越扭曲，对自己越来越冷漠。请学着去聆听自己，温柔地对待自己，一个能够对自己温柔的人，是不会对别人冷漠到无情的。

回来吧，回到你的当下，你的内在之音需要你去聆听——你的渴望、你的不满、你的踌躇、你的悲伤，还有你的假装坚强……这一切都需要你的照顾，需要你温柔相待。

　　我们总是对自己的想法深信不疑，不假思索就觉得自己想象的就是正确的或自己想要的，其实未经仔细审查的想法不靠谱！我以为我想要的与我真正想要的往往可能相反，要不然你不会得到了却并不觉得开心，反而更觉空虚与失望……在信仰中亦是如此——我以为我相信的东西有可能就是你犹豫不定的，要不然你不会到处征信、追寻、证明、确认……这耗掉了我们的笃定，让我们陷入深深地惶恐，似乎越证明越觉得不踏实。其实，真正的信仰根本不需要解释与证明，如一朵花不为什么而开放，恰恰开得最美最真。

让自己端庄地坐着,几个深呼吸之后,感觉到自己"只在这里",这会让你的人生从此不同!我们一生都在向世人证明自己,却忘记了向自己证明,这个只能自己去证明。

当一个人不再向外索要存在感的时候,这个人的存在本身就是"道"的全部。

有人问禅宗与道家的异同,我说禅宗与道家难舍难分,禅宗以佛法的智慧为底色,提炼了许多"老庄"的思想;道家同样吸收了许多禅宗的东西,学禅的不通"老庄"即不通禅宗;道家如不学禅,则到了某种程度便会卡住!

人,一旦能够在当下这一刻彻底放下自己的成见,天地间一切事物看起来瞬间都成为新的了。

闻过则喜,世间有几人能够做到?何况别人真诚地提出我们的疏漏,我们却怒目相对,这真是愚痴了。别人毫无损失,而我们则失去革新与提高自己的机会,错失人生中许多美好。

心中怀满慈悲,则所向披靡,善神庇佑,一切吉祥!

聆听你内在的声音，必须仔细听……不要急于知道答案，不要急着理解，或刻意转化甚至回避，耐心等待。让这个声音清晰地呈现，直到这个声音的力量指引你，你会知道你真正想要的是什么。每一个人必须找到自己心里的这盏明灯……

有些人一生都把精力放在对抗自己的负面上，正面的东西则无暇顾及！修行的目的不是消灭负面，而是允许负面存在，你有勇气和自己的负面呆在一起吗？有勇气做一个最普通的凡人吗？

我们为衣食之外的事情把自己累趴下,美其名曰——忙碌,看看我多么厉害,"我忙碌着许多无谓的忙碌",我正在忙碌呢!

　　智慧不是知识，不是思辨，更加不是经验，而是跳脱以"自我"为中心的思维模式。这会带来对于人性深刻的理解，真正的理解让人充满同情和慈悲，同情生出怜悯，慈悲让心柔软——这就是"仁者无敌"。我们以为"仁者无敌"的意思是仁者可以打败一切敌人吗？其实是仁者心里只有慈悲和怜悯，怎么也看不见敌人存在。

所有你心底期待的事情，你都可以先试着做一做，比如陪伴，你可以试着安静地陪伴自己。当你这么做了，发现你那么渴望其他人的陪伴，那其实是你忘了自己的陪伴；比如爱，你也要爱自己，试着在最低落的时候爱自己，全然地拥抱当下的不愉快，你会有全然不同的感受。所以，匮乏是可以(并首先)由自己去填补的。

我们常常未能仔细辨识观察自己所抱持的内在观念,而"自我的判断"就已经出来了,并且为这个自己也不清楚究竟的判断及决定可能被打到头破血流。

修行,就是从质疑自己长久以来所抱持的"特别观念"开始,层层深入,直到你看见"你的自我"做主你的整个人生。

许多伟大的事情不是靠体力完成,而是依靠平衡的耐心及坚持!人们最大的毛病就是急躁,修行本来是祛除你的急躁,结果你急躁地希望自己的修行马上就能有所成就,要不然你干嘛追求最快速的修行方法?修行,最要紧的就是修掉你的急躁,变得平和而坚韧。

了解一个人最直接的方法就是看他在盛怒之下如何对待他人；或者直接观察他的交往圈子，所谓"物以类聚，人以群分"。

认识到无我,不代表你的一切问题就此结束;可以说你的一切问题才刚刚开始——你会一而再地被旧有的"自我模式"所绑架,你需要更深入与敏锐地练习察觉。当每一次你的"自我出生时(自我是由无明及事件当下缘起的)",你的觉察也立即会出生并自动跟上(觉性或觉察亦是由心及事件缘起的),它会告诉你"功课来了"……因此,每一次你感觉到"难受"及"不对劲"的地方就是你的"道场"。

　　如果你是正确的,不要过多地争辩,把对方逼上绝路,也就断了自己的退路;如果你是优秀的,不要肆意卖弄,别人会因你的做法而远离你;如果你是痛苦的,不要逢人就倾诉,谁都有自己的烦恼,莫把朋友演绎成了陌路;如果你是寂寞的,那就在孤独中慢慢沉淀自己,人生本就植根于寂寞的土壤里。

我们总是陷入自己的猜想，或者自己编写的某种脚本，自以为是地活在自我的想象里；有时候你的一个猜想可能就会让你做出错误的选择或决定，而丧失人生路上美丽的风景……因此，当我们感觉到好像外面的不对劲时，要让自己沉静下来，先做深刻地自我观察，直到看清楚自己的猜想与事实的关系，它们可能是严重不符的。

无眠长夜,谁为灯炬;生死苦海,谁为舟楫;
斯唯如来,真正依皈!……

人若能够沉静下来，叩问自己认为生命中最重要的几件事，就有可能登峰造极。但是，有些人一生都不知道自己生命中最重要的事情是什么，这就麻烦了。

一切法皆缘起！人生的事情一环套一环,每一环都非常重要。如果这一环没扣住,而自己却意识不到,结果则可想而知!

有些人浑浑噩噩……既意识不到外在因素，更看不清楚自身缘起。我们一生都在紧张兮兮地关注外在,深怕受到伤害,殊不知自己给自己的伤害才最大。佛陀创立的"内观之道"让人有看见自己、看见缘起的可能。明师难遇,正法难求。真正的向内观察更不容易,修行这内观之道,让我们得以明白——

你是你"自身缘起"的重要一环。

身处这个环节,你又做了些什么？

或什么都没做……

一步步将自己逼入困境,却依然在怨天尤人!

有关修行核心方向的问题之辨析

许多人修行非常努力,渴望自己能够与万物为一体,他们把这个叫做"合一",美其名曰"没有边界"。其实,这是人内心深处的隐性渴求,渴望合一,渴望融入,渴望被全然接纳。

向外扩展的,一定要站定一个不动的核心,那个核心就是"我存在",然后我才会通过修行达到某种境界,去融入或者覆盖一切……这是退行的"神性幻想"。

在佛陀的教导里只有内观,即向内观察身心,直到你看见自己的核心其实是不存在,你是无我的,这个可以叫做"祛中心化",也就是佛陀常说的"无我"。当核心幻觉中的自我一旦消失殆尽,一切问题,一切以我为中心的幻想将会结束,我们却都渴望一切问题必须结束,但是自我最好能够永驻。

仔细端详,我们的修行为什么不成功,甚至于感觉越修行却越拧巴,现在知道方向该有多么重要。一个要以我为中心去融入客体,一个是主体结束了(自我从未存在过);只要我继续存在,客体即也必须存在,这就是二元坚固,拧巴就是这样产生的。如果主体"我"的幻觉的本质被看清楚,如此,主体的感觉便被粉碎,客体即无从安立。因此,佛陀说:以有我故,有我所;以无我故,故无我所。看看佛陀说得多么清楚,只是我们习而不察罢了!

在这个世界上,我们对自己的误解是最深的。我们需要十足的力量与勇气直面内心,一层层揭开内心的伪装。

　　深深地"自我观察"能够带给你真正的成长。如果你总认为问题是外部因素造成的，那任何人都没有心灵成长的余地……因你在自己心底深处早就预设了"自我的完美"，那么你就不会认可外部因素。即使偶有认可，也是顺着自我的迷思，能认可不顺应自我的人、事、物才是真正的功夫……

如果你真的想知道属于自己的真相,你必须在当下生活中练习观察自己的内心。

每见修行者数年用功，却感觉不到自己的"核心转化"，反而让人感觉"执着坚固"，为什么？

就是因为方向错误，总以为会有外在支撑或得到什么，其实，这场战争不是对外的任何胜利，而是对内的彻底失败，一败涂地……你真正地苏醒了，不再以任何方式欺骗自己，到头来你发现的只有自己，只有当下的自己，除此之外你什么都没有。这回你自由了，全然地自由了，除了这个"暂时存在"的身体犹如一副重担，你再也不用背负任何人、事、物了。这就是回到"脚步之所在"的终点——一无所有，无所不有。

剑走偏锋往往首先伤害的是自己，然后是他人。有人理解的无我或开悟是"消失了人性"，这不是"中道"。理解无我或真的瞥见无限（开悟）是不会令人性消失的，因为他的个体存在本身即人，他的人性会更光辉显赫，对生而为人的普罗大众有更多的理解与同情，对人性有更深刻地洞见……

　　如果你真的看见你自己"只在脚步之所在",那么其他任何人也就都不是你的问题了!觉得别人如何如何,其实大部分都是偏离了自己的内心。你在时空中就肉身这么大小,修行就是一个不断缩水的过程,直到你干瘪成你当下的大小及样子,毫无附加……

我们说修道必须打开自己的"感受",要不然没完没了的"想法"会一直充斥着你的生命!

因此要去触摸你伸手所及的生活,全心全意地参与你的当下,而非想象。

生活是一种修行

你的修行不在寺院,不在深山,也不在遥远的某个地方,在你当下所在,当下所及,当下所觉。吃饭时,专心吃饭,吃到当下你能够感觉到的所有味道;睡觉时,安心睡觉,睡到你身心合一安闲舒适;走路时,感觉你在走路,步步和风吹,步步花绽放;静坐时,坐在你当下所在的地方,而不是坐在你的种种想法中,神游太虚。生活中哪里不是修行呢?

伸手所及即是你的修行,曾经有学生问老师:一个身处红尘的人,该如何是最好、最适当的修行?

老师说:把自己身边的人、事、物都安排好了吗?首先学会照顾好自己(不给别人添麻烦),再照顾好先生及孩子,照顾好双方的父母、其他亲人,力所能及地照顾好自己遇见的每一个人,你还要到哪里去寻找修行?

对于男人,做好男人要做的本分,顾好家庭(许多人外面风光,家庭一塌糊涂),做好工作,照顾好自己的员工同事,若有余力,照顾一下那些真正努力成长的身边人。

我们常常跑到远方,跑进寺院,以为修行应该在别的地方。修行如果不在你的当下之所在,不在你伸手所及的地方,那就是你误会了……

在你的日常生活中学习修行,不逃避,不躲闪,不推诿,真诚慈悲,平淡而行,处处都是修行。看见地上乱丢的果皮捡起来放入垃圾桶,看见蹬车的上坡从后面推一把,看见迷路者为其指明方向,看见彷徨的给予力量,听见悲伤的给一点安慰……这就是修行。

"普贤菩萨"说:"于诸病苦,为做良医;于失道者,示其正路;于暗夜中,为做光明;于贫穷者,令得伏藏。"这是真正地在日常生活中行施修行,以"大慈大悲"度己度人。

出家修行,是另一种"在日常生活中修行",我们常常以为出家才是修行,这又是误会了!出家人有出家人的日常生活,只不过这个日常生活与红尘琐事中的人有所不同,我们会觉得出家人的生活是修行,自己在红尘琐事中就没有修行。其实,红尘嚣嚣中,更容易出现许多"此时正当修行时",所遇之人事,所经之财利,所见之诱惑,哪一场际遇不是修行啊!

在日常生活中修行,在脚步之所在修行,在自己伸手所及的地方修行,利己利他,福己福人。

远离熟悉的过去,让曾经的生活归零,恢复宁静,更深刻地审视自己及周遭的世界,不陷入无意义的思想纠葛,以及对人对事的想象中……不试图掩盖当下真实的自己,即是大修行。

时间是人类想法的产物，由时间我们推演出过去和未来，又想象出一个"固定不变之自我"来贯穿三世，于是乎"我的轮回"就产生了。由是开始，我们走上了种种想象，种种迷惑，种种修行，种种解脱……

　　禅修是一种生活,而非长时间的静坐冥思。在生活中练习觉察自己在每一个当下的所在,不活进头脑的种种想象里,而是清晰流畅地"活在自己的脚步之所在",看只是看,听只是听……却心如虚空,无所依寄。

"脱离尘世的修行"是假的,我们总以为道在清静之地,其实不然。在种种纷乱杂染的尘世喧嚣中,保持你的初心清静,自尊自爱,自净其心,即是道场,即是修行。

一个文明人,要用自己的全身心去体验生活,开发你对于当下全然的感受,否则我们就是一个活在想象中的粗人。

修道之人所遇逆境,即化成向上向善的动力,因此总能在艰难困苦中成道;而普通人遇逆境,即刻陷入更深的负面情绪中,给谁看呢?让谁替你走出困境呢?只有你自己。

禅修，适合一切人。在忙忙碌碌的工作中，在拥堵的车队中，如果你关注自己在每一个当下的"感觉"，能够"身心合一"地活在你的"脚步所在之处"，那么禅修之道你已经摸着门径。慢慢来，试试看，好好修行。不再辜负自己，让觉醒长在生命之中——开花，结果。

真正的修行绝不是坐在蒲团上"闭着眼睛"这样简单,你得"睁大眼睛"观察自己,以至于你"自己给自己的"所有圈套模式全部脱落,赤裸裸地面对生活,面对自己……

当你真正理解了佛陀之教，他带给你的是一颗醒觉的心，你看见过去的自己在无明的烦恼里挣扎，于是你跳了出来，你不再给自己制造麻烦，不再破坏这个世界的圆满寂静，你醒了。面对佛陀，你不会祈祷，也无诉求，只剩下深深地感恩……

修行，绝不是为了自找苦吃。那些让你"自找苦吃的法门"就别再继续修下去了。

不尊重死亡的人，无法庄严神圣地活着！

　　凡事勉强自己必须做到十全十美的人，只会让自己身心疲惫非常紧张，不如学着去放松自己的身心，即使是片刻的身心放松，你也会觉得自己的身心长久以来是如此不由自主地紧张，甚至莫名其妙地处在"紧张状态"中。修禅内观的人如果能够把身体的紧张感当做"觉知的对象"，一觉察到紧张便立刻放松，并对这个紧张做"如实观察"，那么没有进步不快速的！试试看吧……

心似甘泉，所到之处无不香花灿烂！

修道之人如果想以修道消灭自己所厌恶的,这正好中了魔鬼的圈套!

当一个人在关系中只看见自己时,是相当危险的。真正的关系必须同时看见两个人,而不是一个人的表演,另一个人完全成了你表演的道具,这是一个完全"自我、自私、自闭"的关系。在关系中能看见自己,同时能看见别人,才是平等、真实、互动的关系。

信仰,让人不再彷徨;但,有时候却让人更迷茫……

有多少修行,皆以白骨森森收场,趁还未化成灰烬,努力前行,了结这个生死大梦的困扰!

　　人的一生需要学习的地方真是太多，三十岁前你的命运是你的福报，三十岁后则看你的修为。如果三十岁后有诸多不顺，则要深刻地反省自己，一定是三十年来的心性累积有了问题！上天一开始给了你一个完整的版本，后来的残缺不全恐怕是自己造成的。有时候一个错误能够用一种态度弥补，但我们往往意识不到自己的态度；有些人和事磨磨就和了，我们叫做磨合，反之则是一种磨损。

如果你心中有了向往,就不怕没有方向!

修行,即要将所有的指向放在"穿越自我"的迷思上。如若不然便一生被自我所误,自我做主的人,他往往在受苦。他能够清晰地感觉到自己的苦,却无能为力……或苦中作乐,或一而再地掩盖、逃离。

有些人的一生大部分时间都没有活给自己。想要发现这个秘密就需要对自己的一举一动,甚至起心动念做严密诚实的观察……

　　只要你真挚地生活，就会在日常行动中觉察出禅意，我们往往因为遇事恐惧畏缩，而错过生活给你的每一次全新体验，有些事、有些人，恐怕一次错过，就有可能抱憾终生……因此，要珍惜每一个当下。

爱是一种相互滋养而非相互索要,因为你相信的是"自己有能力去爱",而不是渴求对方会给你多少爱。爱只能在自己身上出生,绝不能在他人身上找寻,爱只在自己心里。

信仰在于你的生活方式、世界观、自我本质和使命的认识、恰当的言行举止、人与环境的关系，和你的思考及意识深度。而非你说你"相信"，却过着从未改变的生活、坚持固有的意识维度……

听到一句话"情绪稳定就是最好的情商"!是的,情绪稳定是非常重要的,一个能够控制情绪的人才能主导自己的人生。

大部分时间人们都处于一种忙碌奔波的状态，但是起初我们忙碌正是为了有一天能够闲下来"享受生活"，然而许多人忙到死都没能好好享受过生活。

尊重真相,却不失温情,这就是慈悲;
不失温情,又尊重真相,这就是智慧!

为人处事,总是怀着强烈的道德优越感,自以为居心正大,人浊我清,因此"高己卑人",锋芒毕露,说话太冲,办事太直,当然容易引起他人的反感。因此,成大事者必藏,必柔弱,必谦下,必包容他人之缺失,用其所长。

风从指尖过

—— 云乡子书法作品

終南絮語

於父母盡孝於妻子盡愛於朋友盡義於工作盡責於師長盡敬則修行之能事畢矣

雲卿

終南絮語

在這個世界上我們自己對自己的誤解是最深的，看清自己這需要十足的勇氣與力量來面對自己內心一層：揭開自己

如果你心中已明白方向就不會徬徨

雲鄉

終南絮語

我們用盡一生去追尋那些不屬於自己的生活，想，是否值得

如果你追尋的正是你所要的你又為何面對那份得到卻如此失落而徬徨

雲卿

終南絮語

許多時候我們不願意如實的觀察認識自己却欣喜的去面對祈求神佛即使真正的真佛出現在你的面前你還是你自己毫無改變我們需要的是好的觀察認識自己直到你超越你所有的顛倒夢想

雲鄉

終南絮語

如果你不願當下的目己不愛這當下的自己，却活在想象中有更好的另外的自己裹，你永遠不會與腳步之所在那個最真實的自己相遇。

當一個人不再向外在索要自我存在感時，這個人存在即是道的全部。

雲鄉

終南絮語

你能一坐幾小時身體不動但却無法安靜自己這顆折騰的心這樣的靜坐有何意義

禪修是學習著如何處理你動蕩不安的心而非長時靜坐不動

雲卿

終南絮語

心智成熟的人不期待用自己的聲音影響別人，他發出聲音祇如花開，他體會到把自己所做的事放在自己身上所獲得的快樂比放在別人身上所獲得的快樂要更豐盛。

他更在意自己的真實而非外在的評價。

雲鄉

終南絮語

祇有那些勇於追逐自己內在指引而前行的人他們會經驗到生活帶給的豐盛

而人最難解除的魔咒其實就是自己對事物的錯誤想象

雲卿

終南絮語

面對你此刻正在經歷的現實處理好這一切即是你最好的朝聖之路

否則即使是朝聖歸來你依然如舊墮入於生活的深淵

雲鄉

跋

这本书终于要与读者朋友们见面了!

自我来到终南山世界,三年多的时间里,耕地,种菜,挑水,砍柴……我的妻亦过着标准的山人生活——烧水,煮茶,做饭,插花……山间清泉翠竹,万物勃发,自给自足,悠然自得。在这恬淡清静的时光中,我们认识了不少喜欢住山的朋友,在这些朋友中刚好有一位专业做出版的,又有许多编辑朋友也成了我们在终南山的山友。这样的一来二往,彼此之间都有很多对终南山世界,对修行人世界的许多共通的想法与感受。因缘就是这样的不可思议,又如此的顺理成章……山间溪流,铮铮淙淙,知己旷达,皆在山水之间!

这本书的出版能够与各位有缘的读者朋友见面,得益于专业做出版的荆运闯先生和孙留伟先生的大力支持,感谢编辑杨德风的分类编选,以及一次次细致地商量沟通,终于在接近新年的时候让这本书得以面世,以文字为载体而有益于世道人心。我不擅长说客套寒暄,也不擅长为自己做宣传,但只要有益于世道人心的事情,我都非常乐见其成。

  最后,愿有缘读到这本书的朋友,希望能让你们在心灵上有所启发,有所碰撞,有所思考,有所收获。

云乡子

2017 年 11 月 29 日

终南絮语

本书图摄：南山凡开　云乡子	出 品 人：孙留伟
祥　子　　Nicky	策划编辑：杨德风
南　亚　　偶　寒	版式设计：张　瑶

图书在版编目（CIP）数据

终南絮语 / 云乡子著. — 西安：世界图书出版西安有限公司，2018.1

ISBN 978-7-5192-3945-9

Ⅰ. ①终… Ⅱ. ①云… Ⅲ. ①小品文—作品集—中国—当代 Ⅳ. ①I267.3

中国版本图书馆CIP数据核字（2017）第318752号

书　　名	终南絮语
著　　者	云乡子
责任编辑	陈康宁
封面设计	鼎　新
版式设计	张　瑶
出版发行	世界图书出版西安有限公司
地　　址	西安市北大街85号
邮　　编	710003
电　　话	029-87214941　87233647（市场营销部） 029-87234767（总编室）
网　　址	http//www.wpcxa.com
邮　　箱	xast@wpcxa.com
经　　销	新华书店
印　　刷	陕西群艺印务有限责任公司
开　　本	880 mm×1230 mm　1/32
印　　张	5.25
字　　数	100千字
版　　次	2018年1月第1版　2018年1月第1次印刷
国际书号	ISBN 978-7-5192-3945-9
定　　价	39.00元

版权所有　　翻印必究

（如有印装错误，请与出版社联系）